mewn lle oedd yn cael ei adnabod amser maith yn ôl fel Mynyw. Ar y pryd, roedd Dewi yn arweinydd eglwysig yng Nghymru, ac felly daeth ei fynachlog yn ganolfan bwysig i'r eglwys. Ymhell ar ôl amser Dewi, ychwanegwyd adeiladau newydd at y fynachlog. Heddiw, mae eglwys gadeiriol fawr a chadarn yn yr un lle – y lle a elwir yn awr yn Tŷ Ddewi.

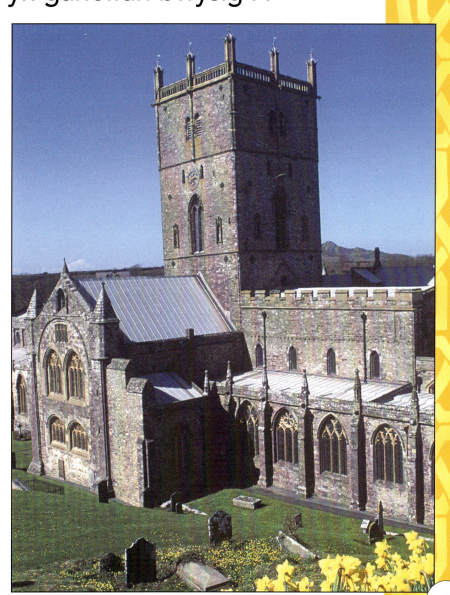

Eglwys Gadeiriol Tŷ Ddewi, lle cedwir blwch o weddillion Dewi yn ddiogel hyd heddiw.

DEWI: YSBRYDOLIAETH I ERAILL

Hyd yn oed wrth iddynt alaru ar ôl eu harweinydd, gwyddai'r mynaich ym mynachlog Dewi y gallai stori ei fywyd ysbrydoli eraill i fyw yn sanctaidd. Roedd Dewi wedi sefydlu eu cymuned ac wedi dangos iddynt sut i fyw bywydau oedd yn brin o bob moethusrwydd ond yn gyfoethog mewn sancteiddrwydd.

Adroddid storïau am Dewi ar lafar gwlad ac yn raddol fe'u hysgrifennwyd mewn llawysgrifen mewn llyfrau lledr. Gwyddom i sicrwydd heddiw fod enw Dewi wedi'i gynnwys mewn rhestr o seintiau 200 mlynedd ar ôl ei farwolaeth. Tua 300 mlynedd ar ôl hynny, ysgrifennodd mab i esgob Tŷ Ddewi hanes

DEWI SANT

Nawddsant Cymru

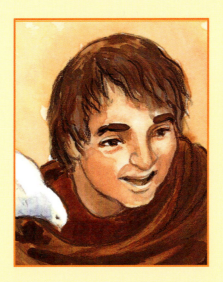

Lois Rock
Addasiad Cymraeg gan Mair Parry
Darluniau gan Finola Stack

CYHOEDDIADAU'R
GAIR

PWY OEDD DEWI?

Roedd Dewi yn berson oedd yn bod mewn gwirionedd yn hanes Cymru. Mynach oedd Dewi, a phan oedd yn ddyn ifanc byddai'n teithio o le i le yn dweud wrth bobl am Iesu ac yn sefydlu mynachlogydd newydd. Rydym yn cofio amdano yn arbennig am ei fod wedi sefydlu mynachlog mewn cornel ddiarffordd o dde-orllewin Cymru,

Mae'r llun hwn mewn gwydr lliw yn dangos Dewi wedi'i wisgo fel esgob. Mae colomen, arwydd o Ysbryd Sanctaidd Duw, yn hedfan tuag at Dewi.

bywyd y sant, gan ddefnyddio'r wybodaeth fwyaf sicr y gallai gael hyd iddi. Nid oes neb yn gwybod a yw'r storïau a ddywedodd yn hollol wir neu a oeddent wedi newid yn ystod blynyddoedd maith o gael eu hailadrodd. Efallai fod adroddiadau diweddarach o fywyd Dewi wedi eu newid hyd yn oed yn fwy.

Fodd bynnag, ceisiai'r awduron i gyd fod yn

driw i'r hen storïau, ac mae'r rhai sy'n dal ar gael i bobl eu darllen heddiw yn rhoi darlun o Dewi fel gŵr addfwyn a sanctaidd.

Dewisodd Dewi fyw mewn lle anghysbell ar arfordir Cymru.

Dewi Ddyfrwr

Tywysog oedd Dewi oedd wedi ei eni i deulu brenhinol. Roedd ei dad, Sanctus, yn fab i Ceredig, tywysog Ceredigion yn ne-orllewin Cymru, a'i fam, Non, yn ferch i bennaeth lleol. Dywedid fod ei deulu o linach bonheddig a bod Dewi yn perthyn i'r Brenin Arthur enwog.

Pan oedd yn ŵr ifanc, gadawodd Dewi ei gartref i fynd i astudio wrth draed athro uchel ei barch o'r enw Paulinus. Roedd yr athro'n heneiddio ac, yn drist iawn, roedd yn colli ei olwg. Gofynnodd i'w ddisgyblion i gyd geisio ei wella, ond ni lwyddodd yr un ohonynt i wneud hynny. Yna cyffyrddodd Dewi lygaid yr hen ŵr a, thrwy wyrth, gallai weld yn glir unwaith eto.

Sylweddolodd Paulinus fod ei ddisgybl caredig a brwdfrydig hefyd yn Gristion diffuant a bu'n ei helpu i ddysgu llawer am y ffydd Gristnogol. Yn raddol penderfynodd Dewi gysegru ei fywyd i Dduw. Daeth yn genhadwr, a theithiai'r bryniau a'r dyffrynnoedd lle mae Cymru a Lloegr yn cyfarfod gyda'i gymdeithion ffyddlon. Roedd yn helpu pobl i ddeall mwy am y ffydd Gristnogol a sut i fyw fel dilynwyr Iesu.

Lle bynnag yr âi Dewi roedd yn awyddus i sefydlu mynachlogydd. Ynddynt roedd dynion yn byw mewn cymunedau ac yn cysegru eu hunain i addoli Duw a ffermio'r tir er mwyn cynnal bywoliaeth a helpu'r rhai oedd mewn angen.

Un tro, gadawodd Dewi ei wlad ei hun er mwyn teithio i Jerwsalem gyda dau gydymaith – i'r union ddinas lle digwyddodd yr hanesion am Iesu yn marw ac atgyfodi. Cawsant eu croesawu yno yn gynnes gan arweinydd yr eglwys. Roedd

ef yn gweld bod Dewi yn wir
ddilynwr i Dduw a bu'n ei
annog i weithio'n galed
i amddiffyn y ffydd
Gristnogol. Anfonodd
anrhegion i Dewi i'w
helpu yn ei waith: allor,
cloch, ffon a gwisg wedi
ei gwehyddu ag aur.

Dywedid fod yr
anrhegion hyn wedi eu
bendithio gan Dduw ac
y gallent greu gwyrthiau
ym mywydau unrhyw un
fyddai yn eu cyffwrdd.

Ymhen amser, roedd
Dewi eisiau cael hyd
i rywle a allai fod yn
gartref iddo.

Un diwrnod, roedd Dewi a'i ffrindiau yng nghornel dde-orllewinol Cymru. Roedd y gwynt oer yn chwythu glaw i mewn o'r môr. Blagurai chwyn a gweiriau ymhlith y creigiau niferus.

'Gadewch i ni adeiladu ein cymuned yma, ymhell o brysurdeb y byd,' meddai Dewi.

Nid oedd ei ffrindiau wedi synnu. Roedd Dewi wedi mynnu ers blynyddoedd bod y mynaich yn ei fynachlogydd yn byw bywydau syml a darbodus. Fe'u dysgodd y byddai hunanddisgyblaeth yn eu bywydau bob dydd yn eu helpu i fyw yn gyfiawn.

Yma, yn y lle anghysbell hwn, byddent yn trin y pridd tenau gan dynnu'r aradr eu hunain er mwyn paratoi'r tir ar gyfer tyfu cnydau.

'Gallwn dyfu grawn i wneud bara,' meddai Dewi, 'ac ychydig o lysiau a all oroesi awelon oer y môr – cennin a wynwyn, er enghraifft. Dim ond dŵr fyddwn ni yn ei yfed.' Roedd Dewi eisoes wedi cael y llysenw 'Dewi Ddyfrwr'.

'Ond nid yw'r ffrwd yma'n un dda,' rhybuddiodd y mynaich ef. 'Mae pobl yn dweud mai dim ond ychydig iawn o ddŵr sydd yn llifo ynddi yn yr haf.'

Aeth Dewi i darddle'r ffrwd a gweddïo ar Dduw. Trwy wyrth, daeth yn ffynnon o ddŵr pur, clir. Felly, dechreuodd y gwaith adeiladu yno, ym Mynyw.

Gweithiai'r mynaich mewn distawrwydd, oherwydd roedd Dewi am iddynt ddysgu meddwl am eu ffydd a gweddïo ar Dduw trwy'r amser.

Teimlai'r mynaich newydd fod yr hyfforddiant yn anodd. 'Pam dy fod yn dylyfu gên?' gofynnodd Dewi yn flin i un mynach ifanc.

'Dydw i ddim wedi arfer efo nosweithiau mor fyr,' oedd ei ateb. 'Ac er fy mod yn gwybod bod Ein Harglwydd Iesu wedi bod yn y bedd o nos Wener hyd fore Sul, oes raid i ni aros yn effro yr holl amser yna bob wythnos?'

'Paid â cholli hyder ynot ti dy hun,' anogodd Dewi ef. 'Rydw i wedi disgyblu fy hun i gadw'n effro er mwyn gweddïo trwy'r nos lawer gwaith.'

Nodiodd y mynach ei ben yn wylaidd. Roedd yn wir fod Dewi'n medru gorfodi ei hun i wneud unrhyw beth. Yn wir, gallai hyd yn oed dreulio oriau maith yn sefyll mewn dŵr rhewllyd yn adrodd rhannau o'r Beibl yn uchel heb gwyno unwaith!

Nid oedd Dewi mor llym gyda phobl y tu allan i'r gymuned. Roedd y gwaith a gyflawnai'r mynaich yn eu galluogi i fod yn hael tuag at y bobl dlawd oedd yn byw gerllaw ac i roi prydau bwyd a llety i bererinion a theithwyr.

Un diwrnod, roedd cyfarfod mawr ar gyfer pobl yr eglwys mewn lle o'r enw Llanddewi Brefi. Roeddent eisiau dewis arweinydd newydd ar gyfer yr eglwys trwy Gymru – rhywun yr oedd eu ffydd yn gryf a gwir ddealltwriaeth ganddynt o'r ffydd honno.

Roedd y lle yn orlawn. Roedd pawb yn awyddus i siarad ond ni ellid eu clywed.

Hyd yn oed wedi iddynt ddewis bryncyn bychan a rhoi pentwr o ddillad arno er mwyn i'r siaradwyr sefyll arno, nid oedd llais neb i'w glywed yn ddigon uchel.

Roedd yr hen Paulinus yn y dyrfa. 'Anfonwch am Dewi,' awgrymodd. 'Rydw i'n gwybod ei fod yn ddoeth.'

Nid oedd Dewi'n awyddus i'w gynnig ei hun fel arweinydd newydd. O'r diwedd fodd bynnag, fe'i darbwyllwyd i ddod ymlaen. Aeth i sefyll ar y twmpath o ddillad a gweddïodd ar Dduw. Daeth colomen wen, arwydd o Ysbryd Sanctaidd Duw, ac eistedd ar ei ysgwydd. Yna, pan siaradodd Dewi, gwrandawodd pawb a chael eu hargyhoeddi ei fod yn ddoeth iawn.

Cytunwyd yn fuan mai Dewi fyddai arweinydd newydd yr eglwys.

Roedd Dewi yn arwain y bobl yn ddoeth, ond gwrthododd arglwyddiaethu drostynt. Dewisodd yn hytrach barhau i fyw fel mynach ym Mynyw. Un dydd Sul, cododd ar ei draed i bregethu. 'Byddwch yn llawen. Cadwch y ffydd. Dilynwch fy esiampl, a gwnewch y pethau bychain a welsoch ac a glywsoch gennyf i.'

Ymhen ychydig ddyddiau, ar 1 Mawrth, bu Dewi farw.

GWEDDI A YSBRYDOLWYD GAN DEWI SANT

Dduw annwyl,
Helpa ni i droi draw oddi wrth
brysurdeb y byd hwn a meddwl
mwy am dy gariad a'th ddaioni.

Helpa ni i weithio'n galed ac i fyw yn
syml fel y gallwn helpu eraill.

Helpa ni i gofio gwasanaethu ein
gilydd, ac i wneud y pethau bychain
sy'n gwneud cymaint o wahaniaeth.

DYDD GŴYL DEWI

Gwnaethpwyd Dewi yn sant gan y Pab yn Rhufain yn y flwyddyn 1120, a chyhoeddwyd mai ei ddiwrnod arbennig fyddai 1 Mawrth er mwyn dangos parch i'r dydd y bu farw.

Daeth ei fynachlog ym Mynyw, Tŷ Ddewi, yn ganolfan i bererinion, lle byddai Cristnogion yn teithio er mwyn treulio mwy o amser yn meddwl am eu ffydd. Deuai rhai yno yn gobeithio am wyrth gan fod gweddillion Dewi yno, a chredid y gallai'r gweddillion hynny wella afiechydon am eu bod yn sanctaidd.

Heddiw, dethlir 1 Mawrth yng Nghymru fel gŵyl genedlaethol. Gwisgir y symbolau cenedlaethol sef cennin a chennin Pedr ar ddillad. Bydd llawer o blant ysgol yn gwisgo gwisg Gymreig sydd wedi bod yn ffasiynol ers canrif neu ddwy. Ar gyfer y merched, mae het ddu gorun uchel ag ychydig o les y bonet yn y golwg o dan y cantel yn boblogaidd iawn.

Mae Cymru'n cael ei hadnabod fel gwlad y gân, a thrwy Gymru ac mewn cymunedau Cymreig ledled y byd cynhelir cyngherddau ac Eisteddfodau i anrhydeddu Dydd Gŵyl Dewi. Bydd cyfle i glywed caneuon Cymraeg traddodiadol a cherddoriaeth ar y delyn, dawnsio gwerin, adrodd barddoniaeth a dweud storïau yn Gymraeg i ddathlu'r iaith hynafol hon.

Genethod Cymreig yn eu gwisg genedlaethol ar Ddydd Gŵyl Dewi

Mynegai

Testun gan Lois Rock
Addasiad Cymraeg gan Mair Jones Parry
Delweddau © 2005 Finola Stack
Cyhoeddiad gwreiddiol
© 2005 Lion Hudson

Cyhoeddwyd gan Cyhoeddiadau'r Gair,
Cyngor Ysgolion Sul Cymru, Ael y Bryn,
Chwilog, Pwllheli, Gwynedd LL53 6SH.

Cysodi: Ynyr Roberts
Golygydd Cyffredinol: Aled Davies

Argraffwyd yn yr UE

Ffotograffiau eraill gan Photolibrary Wales:
(Clawr a thudalennau 4, 5, 6–7, 21)

www.ysgolsul.com